Buddha Amitabha

佛说阿弥陀经

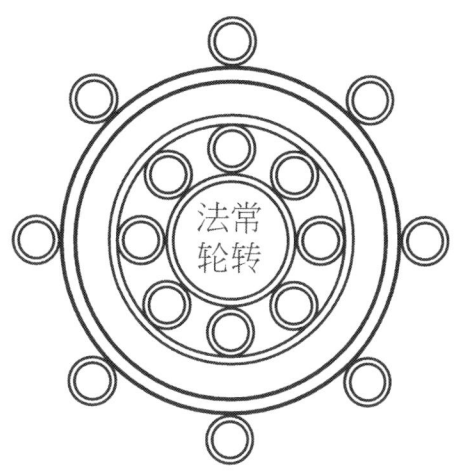

Sukhavati

西方极乐世界

Chinesisch - Deutsch

Deutsche Übersetzung
von Shay Whar Liu Kroeber

ISBN Nr.   978-3-7469-1783-2 (Paperback)
ISBN Nr.   978-3-7469-1784-9 (Hardcover)
ISBN Nr.   978-3-7469-1785-6 (e-Book)

出版社 ： tredition, Hamburg, Germany | www.tredition.de
封面图 ： 阿弥陀佛画像下载自阿弥陀佛网站
封面和法轮设计 ： 刘雪华 & Katharina Joanowitsch

谢谢 Brigitte Pönnighaus 协助德文校阅工作。
谢谢 Katharina Joanowitsch 协助封面设计、排版 和校阅。

出版者联络网址 ： 刘雪华 kassandraliu@yahoo.de

ISBN Nr.   978-3-7469-1783-2 (Paperback)
ISBN Nr.   978-3-7469-1784-9 (Hardcover)
ISBN Nr.   978-3-7469-1785-6 (e-Book)

Verlag: tredition, Hamburg, Deutschland / www.tredition.de
Abbildung Cover: Buddha Amitabha Bildnis von www. Amitabha.com
CoverDesign & Rad des Dharma: Katharina Joanowitsch, Shay Whar Liu Kroeber

Ich danke Brigitte Pönnighaus fürs Korrektur-Lesen in deutscher Übersetzung, und Katharina Joanowitsch für die Bearbeitung für Cover, Layout, Satz und Korrektur-Lesen.

Herausgeberin: Shay Whar Liu Kroeber
E-Mail: kassandraliu@yahoo.de

前 言 一

佛说阿弥陀经是姚秦（西元384-417）三藏法师鸠摩罗什（西元334－413）从梵文译成中文。鸠摩罗什大师本是西域龟兹国人，七岁随母出家，博通世间和出世间法。公元401年至长安，当时皇帝姚兴待以国师之礼，特建西明园供养他，请他在消遥阁讲学和译经论。所译经论共有98部390余卷，皆得流通，为人们受持转盛。

佛经用简洁的四字句，即"译经体"为行文主体，经文易于读诵。这部经言简意赅地描述西方极乐世界的大概，并介绍阿弥陀佛和往生净土人民的生活。即使到现代只要有一般中文程度的人都能轻易地理解唸诵。大师们希望佛法能普及于民众，因为佛陀教育是不分贫富贵贱都可以学习的。

基于这样的理念，我敬重地把这本经书从中文翻译成德文白话。介绍给讲德语国家的人们作参考。书的左面是当今中外通用的简字中文，字下面有拼音，右面是对照的德文翻译。

在此祝福读者们学佛法喜充满！

三宝弟子玅福 合十
西元两千十八年三月于德国汉堡

Vorwort I

Das Sutra „Buddha Amitabha" wurde vom Tripitaka Meister Kumarajiva (334 – 413) in der Yao Qin Dynastie (384 – 417) vom Sanskrit ins Chinesische übersetzt. Der große Meister Kumarajiva war erst sieben Jahre alt, als er Mönch wurde.

Der Meister war ein hochgebildeter Lehrer sowohl in weltlichem als auch in überweltlichem Wissen. Im Jahr 401 kam er aus Qiu Ci, einem Land westlich von China, nach Chang An, der damaligen chinesischen Hauptstadt, und wurde von dem Kaiser Yao Xing als Dharma Meister des Reiches geehrt und unterstützt. Der Meister lehrte bis an sein Lebensende buddhistisches Dharma und hielt Vorträge in einem stilvollen Schulgebäude Xiao-Yao-Ge in Xi-Ming Garten, der von dem Kaiser extra für ihn zum Lehren und Arbeiten angelegt wurde. Und dort übersetzte er 98 Sutras aus insgesamt 390 Schriftrollen.

Das Sutra wurde überwiegend kurz und bündig in vier Wörter-Sätzen, im sogenannte „Yi-Jing-Ti" übersetzt. Auch in heutigen Zeiten, wenn man allgemeine Sprachkenntnisse besitzt, kann man es gut lesen. Der Meister hoffte, dass dieses Sutra für jedermann zugänglich und zu jeder Zeit verständlich sein sollte. Denn vor Buddha ist jeder gleichberechtigt.

Mit der gleichen Überzeugung habe ich das Sutra vom Chinesischen in die moderne deutsche Sprache übersetzt. Das Buch wird so gestaltet, dass auf der linken Seite der chinesische Text steht, und zwar in der zurzeit in China und in anderen Ländern gebrauchten vereinfachten chinesischen Schrift. Sie ist mit Pin-Yin versehen, für die Leute, die eventuell auch gern Chinesisch lesen möchten. Auf der rechten Seite steht die entsprechende deutsche Übersetzung.

Ich wünsche den Lesern viel Freude beim Dharma Lernen!

Shay Whar Liu Kroeber
Hamburg, Deutschland / März 2018

前 言 二

佛说阿弥陀经，是释迦牟尼佛在印度舍卫国祇树给孤独园，看当时聚集的听众机缘成熟，不问自说的一本经典。

释迦牟尼佛特别为大家介绍了西方极乐世界。 描述阿弥陀佛在浩瀚的宇宙中，距离地球无数银河系之外，所成就的庄严国度，优雅殊胜的学习环境和有福德因缘民众的生活状况。

阿弥陀佛意谓无量光和无量寿的觉者。而众生是以想成佛，成为觉者的信心和愿力才能生到那西方极乐世界的。所以在西方极乐世界，莲花化生的众生也拥有像阿弥陀佛一样无量光和无量寿。

这么不可思议的世界，不可思议的事，如果没有大智慧是不能理解和相信的。 所以释迦牟尼佛才选出有智慧第一之称的弟子，舍利弗， 作为当机众 。耳提面命地一再叮咛他，其实也是叮咛我们这些后世的众生，若有一日想成佛，就要相信、要发愿、要修习这个法门。

敬祝读者们能如愿找到自己理想的人生道路！

三宝弟子纱福 合十
西元两千十八年三月于德国汉堡

Vorwort II

Als Buddha Shakyamuni sich im Lande Sravati auf dem Anwesen Jetabaum- und Anatapindika-Garten verweilte, trug er eines Tages von sich aus das Sutra „Buddha Amitabha" vor. Denn er sah die angesammelten Zuhörer, die so weit und bereit waren, zu begreifen, was er sagte.

Buddha Shakyamuni erzählte, dass es eine sonderbare Welt Sukhavati in unzähligen Galaxien mitten im Universum gibt. Diese Welt Sukhavati von Buddha Amitabha bietet ihrer glücklichen Bevölkerung eine einzigartige Umwelt und Lebensbedingung, um zu lernen, erleuchtet zu werden, und zwar in nur einer Lebensspanne.

Amitabha bedeutet unendliches Leben und unbegrenztes Licht. Die Lebewesen im Sukhavati sind aus den Lotusblüten entstanden und besitzen alle wie Buddha Amitabha unendliches Leben und unbegrenztes Licht.

So eine wunderbare und unglaubliche Welt ist natürlich für uns sehr schwierig zu begreifen. Deshalb hat Buddha Shakyamuni den weisesten Schüler, Sariputra, angesprochen und ihm immer wieder gut zugeredet. Wenn er sich wünscht, eines Tages erleuchtet zu werden, sollte er diese Lehre beherzigen und anwenden. Und das Sutra ist nicht nur für weisen Sariputra von großer Bedeutung, sondern auch für uns, als normale weltliche Menschen sehr interessant kennenzulernen.

Ich wünsche allen Lesern Gesundheit und viel Glück im Leben!

Shay Whar Liu Kroeber
Hamburg, Deutschland / März 2018

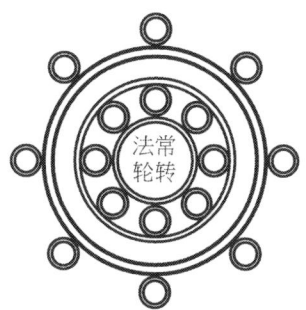

法常
轮转

佛说阿弥陀经
fo shuo a mi tuo jing

姚 秦 三 藏 法 师 鸠 摩 罗 什 译
Yao qin san zang fa shi jiu mo luo shi yi

如 是 我 闻。 一 时 佛 在 舍 卫 国。 祇
ru shi wo wen　 yi shi fo zai she wei guo　 qi

树 给 孤 独 园。 与 大 比 丘 僧。 千 二
shu ji gu du yuan　 yu da bi qiu seng　 qian er

百 五 十 人 俱。 皆 是 大 阿 罗 汉。 众
bai wu shi ren ju　 jie shi da a luo han　 zhong

所 知 识 。
suo zhi shi

长 老 舍 利 弗。 摩 诃 目 犍 连。 摩 诃
zhang lao she li fu　 mo he mu jian lian　 mo he

迦 叶。 摩 诃 迦 旃 延。 摩 诃 俱 絺 罗
jia she　 mo he jia zhan yan　 mo he ju chi luo

Buddha Amitabha

Übersetzt vom Sanskrit ins Chinesische von
Tripitaka Meister Kumarajiva in der Yao-Qin Dynastie

Wie ich einmal gehört habe:

Damals verweilte Buddha Shakyamuni auf dem Anwesen Jetabaum- und Anatapindika-Garten im Lande Sravati und er wurde von 2500 großen Bhiksus begleitet.

Sie waren alle Groß Arhats und auch der Öffentlichkeit bekannt, z.B. der ehrwürdige Alter Sariputra, Maha Maudgalyayana, Maha Kashyapa, Maha Katyayana, Maha Kausthila,

。离婆多。周利槃陀伽。难陀。
li po duo　zhou li pan tuo qie　nan tuo

阿难陀。罗睺罗。憍梵波提。宾
a nan tuo　luo hou luo　jiao fan bo ti　bin

头卢颇罗堕。迦留陀夷。摩诃劫
tou lu po luo duo　jia liu tuo yi　mo he jie

宾那。薄拘罗。阿㝹楼驮。如是
bin nuo　bo ju luo　a nou lou tuo　ru shi

等诸大弟子。
deng zhu da di zi

并诸菩萨摩诃萨。文殊师利法王
bing zhu pu sa mo he sa　wen shu shi li fa wang

子。阿逸多菩萨。乾陀诃提菩萨
zi　a yi duo pu sa　qian tuo he ti pu sa

。常精进菩萨。与如是等诸大菩
chang jing jin pu sa　yu ru shi deng zhu da pu

Revata, Suddhipanthaka, Nanda, Ananda, Rahula, Gavampati, Pindola-Bharadvaja, Kalodayin, Maha Kapphinla, Vakkula, Aniruddha und andere große Schüler.

Anwesend waren auch Mahasattva Bodhisattvas, z.B. der Dharma Prinz Bodhisattva Manjushri, Bodhisattva Ajita, Bodhisattva Gandhahastin, Bodhisattva Changjingjin und andere große Bodhisattvas.

萨。及释提桓因等。无量诸天大
众俱。

尔时佛告长老舍利弗。从是西方
。过十万亿佛土。有世界名曰极
乐。其土有佛。号阿弥陀。今现
在说法。

舍利弗。彼土何故名为极乐。其

Außerdem kamen auch der König des Himmels, Sakro-Devanam-Indrah mit unzähligen Himmelswesen zusammen.

Buddha sagte dann dem Weisen Sariputra:

„Westlich von hier, über Hunderttausend Millionen von Buddha-Ländern entfernt, gibt es eine Welt, die Sukhavati heißt.

In dieser Welt lebt ein Buddha namens Amitabha, der in diesem Augenblick das buddhistische Dharma erläutert."

„Sariputra, warum heißt diese Welt Sukhavati?"

国众生。无有众苦。但受诸乐。
guo zhong sheng　wu you zhong ku　dan shou zhu le

故名极乐。
gu ming ji le

又舍利弗。极乐国土。七重栏楯
you she li fu　ji le guo tu　qie chong lan shun

。七重罗网。七重行树。皆是四
qi chong luo wang　qi chong hang shu　jie shi si

宝。周币围绕。是故彼国名为极
bao　zhou za wei rao　shi gu bi guo ming wei ji

乐。
le

又舍利弗。极乐国土。有七宝池
you she li fu　ji le guo tu　you qi bao chi

„Die Lebewesen in diesem Land haben keine Leiden jeglicher Art und genießen nichts anderes als alle erdenklichen Glückseligkeiten, deshalb heißt es Sukhavati."

„Außerdem, Sariputra, das Land Sukhavati wird von sieben Reihen Geländer umfasst, mit sieben Schichten Netze umhüllt, und von sieben Reihen Bäumen umgeben, die mit vier Sorten kostbaren Juwelen verziert sind. Daher heißt das Land Sukhavati."

„Und, Sariputra, im Lande Sukhavati gibt es Teiche der sieben Schätze, die mit Wasser der acht wunderbaren Eigenschaften gefüllt sind."

。八功德水。充满其中。池底纯
以金沙布地。四边阶道。金、银
、琉璃、玻璃合成。上有楼阁亦
以金、银、琉璃、玻璃、砗磲、
赤珠、玛瑙。而严饰之。

池中莲花。大如车轮。青色青光
。黄色黄光。赤色赤光。白色白
光。微妙香洁。舍利弗。极乐国

„Der Boden des Teiches ist mit Sand aus Gold bedeckt. Die Treppen und Wege ringsherum sind aus Gold, Silber, farbig glasierten Ziegeln und Glas errichtet worden.

Oberhalb befindet sich der mehrstöckige Pavillon, der auch mit Gold, Silber, farbig glasierten Ziegeln, Glas, Herzmuscheln, roten Perlen und Achat prunkvoll und mit großer Sorgfalt dekoriert ist.

Im Teich wachsen Lotusblumen und die Blüten sind so groß wie Wagenräder. Die Blauen strahlen blaues Licht aus, die Gelben strahlen gelbes Licht aus, die Roten strahlen rotes Licht aus, die Weißen strahlen weißes Licht aus, so zauberhaft und fein, duftend und rein."

„Sariputra, das Land Sukhavati erreicht durch die unermesslichen Verdienste von Buddha Amitabha solche würdevolle Schönheit."

土 。 成 就 如 是 功 德 庄 严 。
tu cheng jiu ru shi gong de zhuang yan

又 舍 利 弗 。 彼 佛 国 土 。 常 作 天 乐
you she li fu bi fo guo tu chang zuo tian yue

。 黄 金 为 地 。 昼 夜 六 时 。 雨 天 曼
huang jin wei di zhou ye liu shi yu tian man

陁 罗 华 。 其 土 众 生 。 常 以 清 旦 。
tuo luo hua qi tu zhong sheng chang yi qing dan

各 以 衣 裓 。 盛 众 妙 华 。 供 养 他 方
ge yi yi ge cheng zhong miao hua gong yang ta fang

十 万 亿 佛 。 即 以 食 时 。 还 到 本 国
shi wan yi fo ji yi shi shi huan dao ben guo

。 饭 食 经 行 。 舍 利 弗 。 极 乐 国 土
fan shi jing xing she li fu ji le guo tu

。 成 就 如 是 功 德 庄 严 。
cheng jiu ru shi gong de zhuang yan

„Und, Sariputra, in jenem Buddha-Land ertönt stetig himmlische Musik. Die Straßen sind aus Gold. Tag und Nacht, sechs Stunden lang, regnen Mandarava Blüten von Himmel herunter.

Die Lebewesen in jenem Land sammeln früh am Morgen mit einem sauberen Schal die wunderbaren Blüten auf und fliegen aus dem Land, um sie den Hundertausenden Millionen Buddhas in anderen Welten zu bringen.

Zu den Mahlzeiten kehren sie zurück ins Land. Nach dem Essen machen sie dann einen Spaziergang.“

„Sariputra, das Land Sukhavati erlangt durch die unermesslichen Verdienste Buddhas solche wunderbare Zufriedenheit.“

复次舍利弗。彼国常有种种奇妙杂色之鸟。白鹤、孔雀、鹦鹉、舍利、迦陵频伽、共命之鸟。是诸众鸟。昼夜六时。出和雅音。其音演畅五根、五力、七菩提分、八圣道分、如是等法。其土众生。闻是音已。皆悉念佛、念法、念僧。

„Darüber hinaus, Sariputra, in jenem Land gibt es verschiedene wunderschöne, bunte Vögel: weiße Kraniche, Pfauen, Papageien, Sariras, Kalavinkas und Jivavakas.

Diese Vögel singen melodisch Tag und Nacht, also sechs Stunden lang, harmonisch miteinander. Sie tragen über die Fünf Wurzeln, die Fünf Willenskräfte, die Sieben Bodhi Disziplinen, die Acht Wege der Weisheit und auch andere Lernmethoden vor.

Wenn die Lebewesen in jenem Land diese Musik hören, denken sie alle an den Buddha, das Dharma und die Sangha.“

舍利弗。汝勿谓此鸟。实是罪报
所生。所以者何。彼佛国土。无
三恶道。舍利弗。其佛国土。尚
无恶道之名。何况有实。是诸众
鸟。皆是阿弥陀佛。欲令法音宣
流。变化所作。

舍利弗。彼佛国土。微风吹动。
诸宝行树。及宝罗网。出微妙音

„Sariputra, denke ja nicht, dass all diese Vögel als Strafe wegen begangener Sünde geboren worden sind. In Wahrheit gibt es in jenem Buddha-Land keine drei üblen Bereiche.

Sariputra, in jenem Buddha-Land gibt es nicht einmal die Namen für die üblen niedrigen Bereiche, geschweige denn die existierenden niedrigen Lebewesen.

All diese Vögel sind von Buddha Amitabha hergezaubert, um das Dharma vorzutragen.

Sariputra, wenn in jenem Buddha-Land die Brise durch die mit Edelsteinen verzierten Bäume Reihen und Netze weht, ertönt die himmlisch schöne Musik, die wie hunderte, tausende Töne gleichzeitig klingen.

。譬如百千种乐。同时俱作。闻
pi ru bai qian zhong yue　tong shi ju zuo　wen

是音者。自然皆生念佛、念法、
shi yin zhe　zi ran jie sheng nian fo　nian fa

念僧之心。舍利弗。其佛国土。
nian seng zhi xin　she li fu　qi fo guo tu

成就如是功德庄严。
cheng jiu ru shi gong de zhuang yan

舍利弗。于汝意云何。彼佛何故
she li fu　yu ru yi yun he　bi fo he gu

号阿弥陀。舍利弗。彼佛光明无
hao a mi tuo　she li fu　bi fo guang ming wu

量。照十方国。无所障碍。是故
liang　zhao shi fang guo　wu suo zhang ai　shi gu

号为阿弥陀。
hao wei a mi tuo

Wenn die Lebewesen diese Musik hören, denken sie unwillkürlich an den Buddha, das Dharma und die Sangha.

Sariputra, das Buddha-Land erreicht durch die unermesslichen Verdienste Buddhas diese wunderbare Harmonie."

„Sariputra, was meist Du, warum heißt der Buddha Amitabha?"

„Der Buddha strahlt unbegrenzt Licht aus, das über alle zehn Richtungen scheint und alles ohne jegliches Hindernis erhellt.

Deshalb wird der Buddha Amitabha genannt."

又舍利弗。彼佛寿命。及其人民。无量无边阿僧祇劫。故名阿弥陀。舍利弗。阿弥陀佛。成佛已来。于今十劫。

又舍利弗。彼佛有无量无边声闻弟子。皆阿罗汉。非是算数之所能知。诸菩萨众。亦复如是。舍利弗。彼佛国土。成就如是功德

„Ferner, Sariputra, das Leben des Buddha Amitabha und der Bewohner in jenem Land ist unbegrenzt, unzählige Asamkhya Kalpa lang, auch daher heißt er Amitabha.

Sariputra, Buddha Amitabha ist seit zehn Kalpa lang erleuchtet.

Und, Sariputra, der Buddha hat auch unbegrenzte und unzählige Sravaka Schüler, die alle Achat geworden sind. Die genaue Zahl ist nicht mit Arithmetik zu errechnen. Und die Zahl der Bodhisattvas ist genauso hoch.

Sariputra, das Buddha-Land erreicht durch die unermesslichen Verdienste Buddhas solche großartige Errungenschaft.“

庄 严 。
zhuang yan

又 舍 利 弗 。 极 乐 国 土 。 众 生 生 者
you she li fu ji le guo tu zhong sheng sheng zhe

。 皆 是 阿 裨 跋 致 。 其 中 多 有 一 生
jie shi a pi ba zhi qi zhong duo you yi sheng

补 处 。 其 数 甚 多 。 非 是 算 数 所 能
bu chu qi shu shen duo fei shi suan shu suo neng

知 之 。 但 可 以 无 量 无 边 阿 僧 祇 说
zhi zhi dan ke yi wu liang wu bian a seng qi shuo

。

舍 利 弗 。 众 生 闻 者 。 应 当 发 愿 。
she li fu zhong sheng wen zhe ying dang fa yuan

愿 生 彼 国 。 所 以 者 何 。 得 与 如 是
yuan sheng bi guo suo yi zhe he de yu ru shi

„Darüber hinaus, Sariputra, im Lande Sukhavati sind die Lebewesen alle Avaivazt. Viele sind Bodhisattvas, denen nur noch eine Lebensspanne bis zur endgültigen Erleuchtung fehlt. Die Zahl ist so groß, dass man sie nicht mit Arithmetik errechnen kann, sondern nur mit grenzlosem Asamkhya ahnen kann.

Sariputra, wenn wir dies alles hören, sollten wir uns wünschen, in jenem Land wiedergeboren zu werden.

Und warum? Dann können wir mit all diesen edlen guten Menschen zusammenleben."

诸上善人俱会一处。舍利弗。不
zhu shang shan ren ju hui yi chu　　she li fu　　bu
可以少善根福德因缘。得生彼国
ke yi shao shan gen fu de yin yuan　　de sheng bi guo
。

舍利弗。若有善男子善女人。闻
she li fu　　ruo you shan nan zi shan nü ren　　wen
说阿弥陀佛。执持名号。若一日
shuo a mi tuo fo　　zhi chi ming hao　　ruo yi ri
。若二日。若三日。若四日。若
ruo er ri　　ruo san ri　　ruo si ri　　ruo
五日。若六日。若七日。一心不
wu ri　　ruo liu ri　　ruo qi ri　　yi xin bu
乱。其人临命终时。阿弥陀佛。
luan　　qi ren lin ming zhong shi　　a mi tuo fo
与诸圣众。现在其前。是人终时
yu zhu sheng zhong　　xian zai qi qian　　shi ren zhong shi

„Sariputra, die Voraussetzungen dazu sind die Wurzel des Glaubens und genügend Tugenden und Verdienste zu besitzen und die Verbundenheit zu dem Land zu haben.

Wenn einem eine der Voraussetzungen fehlt, kann er nicht in jenem Land wiedergeboren werden.

Sariputra, wenn eine gute Frau oder ein guter Man von Buddha Amitabha gehört hat, rezitiert sie oder er dann konzentriert und ständig den Namen des Buddha ein Tag, zwei Tage, drei Tage, vier Tage, fünf Tage, sechs Tage, sieben Tage lang, erscheinen vor ihr oder ihm beim Sterben Buddha Amitabha und alle Heiligen Wesen.

In dem letzten Moment des Sterbens, wenn dieser Mensch nicht verwirrt ist, kann er im Nu in das Buddha-Land Amitabhas, Sukhavati, wiedergeboren werden."

。心不颠倒。即得往生阿弥陀佛
xin bu dian dao ji de wang sheng a mi tuo fo

极乐国土。舍利弗。我见是利。
ji le guo tu she li fu wo jian shi li

故说此言。若有众生。闻是说者
gu shuo ci yan ruo you zhong sheng wen shi shuo zhe

。应当发愿。生彼国土。
ying dang fa yuan sheng bi guo tu

舍利弗。如我今者。赞叹阿弥陀
she li fu ru wo jin zhe zan tan a mi tuo

佛。不可思议功德之利。东方亦
fo bu ke si yi gong de zhi li dong fang yi

有阿閦鞞佛。须弥相佛。大须弥
you a chu pi fo xü mi xiang fo da xü mi

佛。须弥光佛。妙音佛。如是等
fo xü mi guang fo miao yin fo ru shi deng

„Sariputra, ich sehe diese große Gunst, daher erzähle ich Euch davon.

Wenn die Lebewesen auf unserer Welt dies hören, sollten sie sich wünschen, in jenem Land wiedergeboren zu werden."

„Sariputra, so wie ich jetzt die unglaublich großzügige Gunst des Buddha Amitabha lobe, so loben ihn im Osten auch Buddha Akshobhya, Buddha Merudhvaja, Buddha Mahameru, Buddha Meruprabhasa, Buddha Manjudhvaja und weitere unzählige Buddhas, die so viele wie Sandkörner im Fluss Ganges sind."

恒河沙数诸佛。各于其国。出广
长舌相。遍覆三千大千世界。说
诚实言。汝等众生。当信是称赞
不可思议功德一切诸佛所护念经
。

舍利弗。南方世界。有日月灯佛
。名闻光佛。大焰肩佛。须弥灯
佛。无量精进佛。如是等恒河沙
数诸佛。各于其国。出广长舌相

Diese unzähligen Buddhas erzählen, jeder für sich in seinen eigenen drei Tausend großen Welten, unermüdlich mit langer und breiter Zunge die Wahrheit:

„Ihr alle Lebewesen solltet an das Sutra, das mit unglaublich großartiger Gnade von allen Buddhas gesegnet ist, glauben."

„Sariputra, auch in südlichen Welten gibt es Buddha Chandra-Suryapradipa, Buddha Yasahprabha, Buddha Maharchis-kandha, Buddha Merupradipa, Buddha Anantavirja und weitere unzählige Buddhas, die so viele wie Sandkörner im Fluss Ganges sind."

。遍覆三千大千世界。说诚实言
bian fu san qian da qian shi jie shuo cheng shi yan

。汝等众生。当信是称赞不可思
ru deng zhong sheng dang xin shi cheng zan bu ke si

议功德一切诸佛所护念经。
yi gong de yi qie zhu fo suo hu nian jing

舍利弗。西方世界。有无量寿佛
she li fu xi fang shi jie you wu liang shou fo

。无量相佛。无量幢佛。大光佛
wu liang xiang fo wu liang chuang fo da guang fo

。大明佛。宝相佛。净光佛。如
da ming fo bao xiang fo jing guang fo ru

是等恒河沙数诸佛。各于其国。
shi deng heng he sha shu zhu fo ge yu qi guo

出广长舌相。遍覆三千大千世界
chu guang chang she xiang bian fu san qian da qian shi jie

Diese unzähligen Buddhas erzählen, jeder für sich in seinen eigenen drei Tausend großen Welten, unermüdlich mit langer und breiter Zunge die Wahrheit:

„Ihr Lebewesen solltet an das Sutra, das mit unglaublich großartiger Gnade von allen Buddhas gesegnet ist, glauben."

„Sariputra, in westlichen Welten gibt es Buddha Amitabha, Buddha Amitaskandha, Buddha Amitadhvaja, Buddha Mahaprabha, Buddha Maharatnaketu, Buddha Ratkandha, Buddha Suddharasmiprabha und weitere unzählige Buddhas, die so viele wie Sandkörner im Fluss Ganges sind.

Diese unzähligen Buddhas erzählen, jeder für sich in seinen eigenen drei Tausend großen Welten, unermüdlich mit langer und breiter Zunge die Wahrheit:

。说诚实言。汝等众生。当信是
称赞不可思议功德一切诸佛所护
念经。

舍利弗。北方世界。有燄肩佛。
最胜音佛。难沮佛。日生佛。网
明佛。如是等恒河沙数诸佛。各
于其国。出广长舌相。遍覆三千
大千世界。说诚实言。如等众生

44

„Ihr Lebewesen solltet an das Sutra, das mit unglaublich großartiger Gnade von allen Buddhas gesegnet ist, glauben."

„Sariputra, in nördlichen Welten gibt es Buddha Archiskandha, Buddha Vaisvanaranirghosha, Buddha Dushpradharsha, Buddha Adityasambhava, Buddha Jaleniprabha und weitere unzählige Buddhas, die so viele wie Sandkörner im Fluss Ganges sind.

Diese unzähligen Buddhas erzählen, jeder für sich in seinen eigenen drei Tausend großen Welten, unermüdlich mit langer und breiter Zunge die Wahrheit:

。当信是称赞不可思议功德一切
dang xin shi cheng zan bu ke si yi gong de yi qie

诸佛所护念经。
zhu fo suo hu nian jing

舍利弗。下方世界。有师子佛。
she li fu xia fang shi jie you shi zi fo

名闻佛。名光佛。达摩佛。法幢
ming wen fo ming guang fo da mo fo fa chuang

佛。持法佛。如是等恒河沙数诸
fo chi fa fo ru shi deng heng he sha shu zhu

佛。各于其国。出广长舌相。遍
fo ge yu qi guo chu guang chang she xiang bian

覆三千大千世界。说诚实言。汝
fu san qian da qian shi jie shuo cheng shi yan ru

等众生。当信是称赞不可思议功
deng zhong sheng dang xin shi cheng zan bu ke si yi gong

„Ihr alle Lebewesen solltet an das Sutra, das mit unglaublich großartiger Gnade von allen Buddhas gesegnet ist, glauben."

„Sariputra, in den unteren Welten gibt es Buddha Simha, Buddha Yasas, Buddha Yasahprabhava, Buddha Dharma, Buddha Dharmadhvaja, Buddha Dharmadhara und weitere unzählige Buddhas, die so viele wie Sandkörner im Fluss Ganges sind.

Diese unzähligen Buddhas erzählen, jeder für sich in seinen eigenen drei Tausend großen Welten, unermüdlich mit langer und breiter Zunge die Wahrheit:

德一切诸佛所护念经。
de yi qie zhu fo suo hu nian jing

舍利弗。上方世界。有梵音佛。
she li fu shang fang shi jie you fan yin fo

宿王佛。香上佛。香光佛。大焰
xiu wang fo xiang shang fo xiang guang fo da yan

肩佛。杂色宝华严身佛。娑罗树
jian fo za se bao hua yan shen fo suo luo shu

王佛。宝华德佛。见一切义佛。
wang fo bao hua de fo jian yi qie yi fo

如须弥山佛。如是等恒河沙数诸
ru xü mi shan fo ru shi deng heng he sha shu zhu

佛。各于其国。出广长舌相。遍
fo ge yu qi guo chu guang chang she xiang bian

覆三千大千世界。说诚实言。汝
fu san qian da qian shi jie shuo cheng shi yan ru

„Ihr alle Lebewesen solltet an das Sutra, das mit unglaublich großartiger Gnade von allen Buddhas gesegnet ist, glauben."

„Sariputra, in den oberen Welten gibt es Buddha Brahmaghosha, Buddha Nakshatraraje, Buddha Gandhottama, Buddha Gandhaprabhasa, Buddha Maharchiskandha, Buddha Ratnakusumasampushpitagtra, Buddha Salendraraja, Buddha Ratnotpalsri, Buddha Saruarthadarsa, Buddha Sumerukalpa und weitere unzählige Buddhas, die so viele wie Sandkörner im Fluss Ganges sind.

Die unzähligen Buddhas erzählen, jeder für sich in seinen eigenen drei Tausend großen Welten, unermüdlich mit langer und breiter Zunge die Wahrheit:

等众生。当信是称赞不可思议功
德一切诸佛所护念经。

舍利弗。于汝意云何。何故名为
一切诸佛所护念经。舍利弗。若
有善男子、善女人、闻是经受持
者。及闻诸佛名者。是诸善男子
、善女人。皆为一切诸佛之所护
念。皆得不退转于阿耨多罗三藐

„Ihr alle Lebewesen solltet an das Sutra, das mit unglaublich großartiger Gnade von allen Buddhas gesegnet ist, glauben."

„Sariputra, was meinst Du, warum sagen wir, dass das Sutra von allen Buddhas gesegnet ist?"

„Sariputra, wenn die guten Männer und die guten Frauen von dem Sutra und von den Namen aller Buddhas hören und fest daran glauben, werden sie von allen Buddhas gesegnet.

Sie werden dann nie mehr vor Anuttara-Samyak-Sambodhi zurückfallen"

三菩提。是故舍利弗。汝等皆当
san pu ti shi gu she li fu ru deng jie dang

信受我语。及诸佛所说。
xin shou wo yu ji zhu fo suo shuo

舍利弗。若有人已发愿。今发愿
she li fu ruo you ren yi fa yuan jin fa yuan

。当发愿。欲生阿弥陀佛国者。
dang fa yuan yu sheng a mi tuo fo guo zhe

是诸人等。皆得不退转于阿耨多
shi zhu ren deng jie de bu tui zhuan yu a nou duo

罗三藐三菩提。于彼国土。若已
luo san miao san pu ti yu bi guo tu ruo yi

生。若今生。若当生。是故舍利
sheng ruo jin sheng ruo dang sheng shi gu she li

弗。诸善男子、善女人。若有信
fu zhu shan nan zi shan nü ren ruo you xin

„Daher, Sariputra, ihr solltet fest daran glauben, was ich gesagt habe und was alle Buddhas erzählt haben.

Sariputra, wenn diejenigen sich schon mal gewünscht haben, in diesem Leben wünschen oder in Zukunft noch wünschen werden, in das Buddha-Land Amitabhas wiedergeboren zu werden, werden sie sich nie mehr von Anuttara-Samyak-Sambodhi zurückziehen.

Sie sind sicherlich schon mal dort geboren worden, können nach diesem Leben oder nach einem zukünftigen Leben noch in jenem Land wieder geboren werden.

Deshalb, Sariputra, wenn die guten Männer und die guten Frauen fest daran glauben, sollten sie sich wünschen, in jenem Land wiedergeboren zu werden.“

者。应当发愿。生彼国土。

舍利弗。如我今者。称赞诸佛不可思议功德。彼诸佛等亦称赞我不可思议功德。而作是言。释迦牟尼佛能为甚难希有之事。能于娑婆国土。五浊恶世。劫浊、见浊、烦恼浊、众生浊、命浊中。得阿耨多罗三藐三菩提。为诸众

„Sariputra, so wie ich jetzt die unglaublich großzügige Gnade aller Buddhas lobe, loben sie auch meine großzügige Gnade.

Sie alle sagen:
"Buddha Shakyamuni hat außerordentlich Schwieriges und Wunderbares geleistet.

Er hat in der üblen Soha Welt, die durch fünf Sorten Unreinheiten aus unüberwindbarem Karma, unwahrer Weltanschauung, anhaftenden Sorgen, unaufhaltsamer Vergänglichkeit und einem kurzen irdischen Leben getrübt ist, die Anuttara-Samyak-Sambodhi erlangen können und den Lebewesen diese unbegreiflich schwierige Lehre unterbreitet."

生。说是一切世间难信之法。

舍利弗。当知我于五浊恶世。行此难事。得阿耨多罗三藐三菩提。为一切世间说此难信之法。是为甚难。

佛说此经已。舍利弗。及诸比丘。一切世间天人阿修罗等。闻佛

„Sariputra, ihr solltet wissen, dass ich in dieser mit fünf Unreinheiten betrübten Welt die mühsame Aufgabe übernommen habe.

Und ich erlange schließlich die Anuttara-Samyak-Sambodhi und biete allen Lebewesen auf der Welt an, sie in dieser unglaublichen Lehre zu unterweisen. Das ist äußerst schwierig."

Nachdem Buddha Shakyamuni das Sutra vorgetragen hat, freuen sich Sariputra und die anderen Bhiksus, die Himmelslebewesen und die Asuro Gemeinde darüber, was Buddha gesagt hat.

所说。欢喜信受。作礼而去。

suo shuo　　huan xi　xin shou　　zuo li　er　qu

Sie alle nahmen das Sutra mit großer Freude an und verabschiedeten sich ehrerbietig von Buddha Shakyamuni.

佛说阿弥陀经

三宝弟子纱福恭译中文成德文

西元两千一十八 年三月于德国汉堡/ 娑婆世界

Buddha Amitabha

Übersetzung vom Chinesischen ins Deutsche von
Miao Fu, Schüler der drei Buddhistischen Juwelen
– Buddha, Dharma und Sangha –

März, 2018 in Hamburg, Deutschland/ Erde, Soha Welt

皈依佛
皈依法
皈依僧

Wir bekennen uns
zu der Lehre Buddhas

后 话

释迦牟尼佛得道后在世讲经说法四十五年。有时是弟子或信众提问，佛藉机说法。 有的经典是佛观众生机缘成熟，不问而自说。这本"佛说阿弥陀经"就是佛不问自说的。

然而所有佛经都是超越时空的教材，讲的是永不变的原理原则，是可以帮助六道众生离苦得乐的法宝。

佛家大德印光大师说："一分恭敬一分受用，十分恭敬十分受用。"也就是说对古人的智慧结晶有恭敬心，自己才能开智慧。

所以，请恭敬保持这本经书，不要带到不净的场所看，或随意乱丢。最好能妥善地放在书架上。

在此祝福读者们常常法喜充满 ！

三宝弟子玅福　合十
西元两千十八年三月于德国汉堡 / 娑婆世界

Nachwort

Das buddhistische Dharma ist eine universale Lehre, das unverändert über die Zeit und Landgrenze schreitet und ewige Gültigkeit hat. Das ist ein Zaubermittel, das uns allen Lebewesen in den Sechs Ebenen aus den Leiden und Mißständen im Leben heraushelfen und in einen glücklichen und erfolgreichen Zustand führen kann.

Der buddhistische Meister Ying Guang sagte:

„Wenn wir ein bißchen Respekt allem gegenüber zeigen, bekommen wir auch ein bißchen Respekt zurück; wenn wir allem eine große Menge Respekt entgegenbringen, bewirkt es, dass wir dann eine große Menge Respekt ernten."

Bitte behandeln Sie im Allgemeinen die Sutras mit Respekt. Am besten bewahren Sie sie gut im Bücherregal oder Bücherschrank auf und lesen Sie sie nicht in Toiletten und ähnlichen Orten.

Shay Whar Liu Kröber
März 2018 in Hamburg, Deutschland/ Soha Welt

释 词

阿罗汉 - 意为不生或杀贼，杀烦恼贼。小乘佛教最高的果位，不再受生死果报，当受人天供养。

阿耨多罗三藐三菩提 – 意为无上正等正觉，真正平等觉知一切真理之无上智慧，就是修学佛法最终达到的目标。

阿鞞跋致 – 意为不退转，修佛法过程中得悟，不再退堕于二乘、凡夫、恶趣中，也不退失所证之果位、观念和行法。

八功德水 - 西方极乐世界池中的水有八种殊胜，即澄净、清冷、甘美、轻软、润泽、安和、能除饥渴、长养诸根。

八圣道分 - 八种修习佛法的途径，以达到最高理想涅槃的境地即：正见、正思惟、正语、正业、正命、正精进、正念、正定。

比丘僧 – 或译为乞士、破烦恼、净持戒、能怖魔者。出家为佛弟子，受具足戒的男僧人。女僧人称为比丘尼。

劫 - 长时或大时，就世界成住坏空而立之数量。 人寿平均年龄自十岁，百年增一岁，至八万四千岁。再由平均年龄八万四千岁，百年减一岁，减至十岁。 如此一增一减为一小劫。 二十小劫为一中劫。 经成、住、坏、空四期，共八十小劫为一大劫。十大劫大约是地球上13438400000年。

七宝池 - 西方极乐世界的水池是以七种宝石：金、银、琉璃、玻璃、砗磲、赤珠、玛瑙相互交换装饰造成的。

七菩提分 - 七项修学成觉者的方法：忆念、择法、精进、喜悦、轻安、禅定、等捨。

祇树给孤独园 - 释迦牟尼佛和弟子们在舍卫国居住修行的园舍。本为祇陀太子所有。须达多长者有意购买，建筑精舍来供养佛。祇陀太子戏言，须以黄金满满铺地五寸才卖。须达多长者许之。太子感其诚心，却后悔答应卖其地，因想自建庭园供佛。 长者不从。太子言，只允卖地，地上的树木还是归他所有。 最终以祇陀太子树和须达多长老园命名，一起修建祇园精舍供养佛。须达多好施于孤独贫穷之人，所以人称给孤独长者。此园即名祇树给孤独园。

三恶道 - 地狱猛火所烧之处，饿鬼以刀杖逼迫之处，畜生互相啖食之处。

舍卫国 - 又名闻物国或多有国，在今印度西北部。 佛居于此地时波斯匿王在位， 极其维护佛法。

声闻 - 听闻佛的圣教，觉悟苦集灭道四谛的真理，又能断见思惑而入涅槃者。

五根 - 眼根、耳根、鼻根、舌根、身根， 五根生五识，五识产生出信根、精进根、念根、定根、慧根。此五法为能生其他一切法之根本故称。

五力 - 增长五根产生出信力、精进力、念力、定力、慧力。 可治五障的力量。信力能破诸邪信，精进力能破懈怠，念力能破诸邪念，定力能破诸乱想，慧力能破三界诸惑。

Begriffe

Anuttara-Samyak-Sambodhi : die höchste vollkommene Erleuchtung

Arhat : der Erleuchtete, der das Nirvana erlangt hat, daher nicht wieder in den Zyklus des unkontrollierten Todes und der Wiedergeburt eingehen muss; der Ehrwürdige verdient Darbringungen von allen Lebewesen

Avaivazt : bedeutet nie mehr zurückfallend, der höchste buddhistische Grad für die Bodhisattvas

Bhiksus/ Bhiksunis : Mönche und Nonnen, die Ordensregeln halten; sie werden auch Edle Bettler, Sorgen Beseitiger genannt; können Teufel einschüchtern

der Jetabaum- und Anatapindika-Garten : ein Anwesen im Lande Sravati, Indien, wo sich Buddha Shakyamuni und seine Schüler zu ihren Lebzeiten verweilten; das Anwesen gehörte ursprünglich dem Prinzen Jeta; der alte Herr Anatapindika wollte es abkaufen, um eine Villa zu errichten zur Ehrerbietung an Buddha; der Prinz scherzte, der Kaufpreis wäre, mit Gold 5 cm dick den ganzen Boden zu bedecken; der alte Herr tat es wirklich; der Prinz war von seinem Eifer und seiner Aufrichtigkeit sehr beeindruckt und wollte sein Verkaufsversprechen doch zurücknehmen und selbst ein Schulhaus für Buddha bauen; der alte Herr lehnte es ab; daraufhin bestand der Prinz, er hätte nur versprochen, das Land zu verkaufen, aber nicht die Bäume, die darauf stehen; zum Schluss einigten sich die beiden Parteien, zusammen ein exquisites Schulhaus mit stilvoll angelegtem Garten für Buddha und seine Schüler zu errichten; dieser Garten wurde daher Jetabaum-und Anatapindika-Garten genannt

die Acht Wege der Weisheit : aufrichtige Einsicht, Denken, Sprache, Tat, Lebensweise, Lernen, Gedanken und Entschlossenheit anstreben

die Acht wunderbaren Eigenschaften des Wassers : das Wasser im Teich der Welt Sukhavati ist rein, kühl, süß, weich, geschmeidig, harmonisch, durststillend und sättigend und Gesundheit fördernd

die drei üblen Lebensbereiche : 1) Die Hölle, wo Fegefeuer brennt, 2) Die Tier-Ebene, wo diese sich gegenseitig töten, fressen und gefressen werden, 3) Die Hungergeist-Ebene, wo man mit Messer und Stöcken geschlagen, gezwungen, genötigt und gedrängt wird

die Fünf Willenskräfte : die fünf durch Glauben, Lernen, Denken, Meditieren und weises Handeln entstehenden Kräfte

die Fünf Wurzeln : die fünf von Augen, Ohren, Nase, Zunge und Körper wahrgenommenen Sinne, die fünf Sinne dienen als Grundlage für Glauben, Lernen, Denken, Meditieren und Handeln

die Kalpa - die längste Zeiteinheit in der zyklischen Kosmologie; bezeichnet einen sehr langen Zeitabschnitt; sie wird nach buddhistischer Lehre so berechnet: das Menschenleben von durchschnittlich 10 Jahren, je weitere hundert Jahre verlängert sich das Lebensalter um ein Jahr mehr, bis zum Alter von 84000 Jahren; ab dann verkürzt sich das Menschenleben wieder je hundert Jahre um 1 Jahr weniger, bis zum durchschnittlichen Alter von 10 Jahren; so ein Zyklus, der das Universum braucht, um zu entstehen, zu verweilen, zu vergehen und zu verfallen in die Formlosigkeit und Undefinierbarkeit, so wird dann eine kleine Kalpa genannt; 20 kleine Kalpa machen eine mittlere Kalpa; durch 4 Perioden: Entstehen, Verweilen, Vergehen, Verfallen bilden eine große Kalpa; also, insgesamt 80 kleine Kalpa machen eine große Kalpa; zehn große Kalpa wären nach unserer irdischen Zeitrechnung ca. 13438400000 Jahre

die Sieben Bodhi Disziplinen : 1) oft an den Dharma denken, 2) die richtige Lehre aussuchen, 3) fleißig lernen, 4) Freude haben, 5) friedlich fühlen, 6) konzentrieren, 7) Gleichgewicht im Herzen halten

die Teiche aus sieben Kostbarkeiten : in der Welt Sukhavati sind die Teiche aus Gold, Silber, farbigen Ziegelsteinen, Glas, Muscheln, roten Perlen und Achat abwechselnd dekoriert

Sravaka : diejenigen, die die vier buddhistischen Grundprinzipien der Wahrheit gänzlich begreifen und sich von der Welt befreien können

Sravati : ein Stadtstaat in Nordwest Indien; zu Shakyamuni Buddhas Lebzeiten regierte hier der König Pasenadi; Sravati bedeutet schön und groß

参 考 经 书 和 善 书 名 单

Literaturliste

阿弥陀佛和他的极乐世界 – 陈义孝居士 / 台北佛陀教育基金会印 / Taipei, Taiwan

阿弥陀经要解讲义 – 明藕益大师要解，清圆瑛法师讲义 / 台北佛陀教育基金会印 / Taipei, Taiwan

阿难问事佛吉凶经 – 后汉沙门安世高译 / 台北佛陀教育基金会印 / Taipei, Taiwan

安士全书 – 清怀西居士周安士著述 / 台北佛陀教育基金会印 / Taipei, Taiwan

大方广佛华严经 – 唐于阗国三藏沙门实叉难陀译 / 台北佛陀教育基金会印 / Taipei, Taiwan

大方广圆觉修多罗了义经 – 唐罽宾沙门佛陀多罗译 / 台北佛陀教育基金会印 / Taipei, Taiwan

大佛顶首楞严经 – 唐天竺沙门般剌密帝译 / 台北佛陀教育基金会印 / Taipei, Taiwan

大乘妙法莲华经 – 姚秦三藏法师鸠摩罗什奉詔译 / 台北佛陀教育基金会印 / Taipei, Taiwan

佛说阿弥陀经 – 姚秦三藏法师鸠摩罗什译 / 台北佛陀教育基金会印 / Taipei, Taiwan

佛说大乘无量寿庄严请净平等觉经 – 菩萨戒弟子郓城夏莲居会集各译 / 台北佛陀教育基金会 / Taipei, Taiwan

佛说观无量寿佛经 – 刘宋西域三藏法师畺良耶舍译 / 台北佛陀教育基金会印 / Taipei, Taiwan

佛说灌顶拔除过罪生死得度经 – 东晋天竺三藏帛尸梨蜜多罗译 / 台北佛陀教育基金会印 / Taipei, Taiwan

佛说药师如来本愿经 – 隋天竺三藏达摩笈多译 / 台北佛陀教育基金会印 / Taipei, Taiwan

佛学大辞典 – 丁福保编 / 台北佛陀教育基金会印 / Taipei, Taiwan

佛学入门 – 佛陀教育基金会编印 / Taipei, Taiwan

佛学问答 - 李炳南居士著述 / 台北佛陀教育基金会印 / Taipei, Taiwan

感应篇彙编白话故事集 – 苏俊源编撰 / 台北佛陀教育基金会印 / Taipei, Taiwan

观世音菩萨普门品讲记 – 演培法师讲 / 台北佛陀教育基金会印 / Taipei, Taiwan

金刚般若波罗蜜经 – 姚秦三藏法师鸠摩罗什译 / 台北佛陀教育基金会印 / Taipei, Taiwan

了凡四训讲记/修福积德造命法 – 净空法师讲述 / 台北佛陀教育基金会印 / Taipei, Taiwan

普贤大士行愿的启示 – 净空法师讲述 / 台北佛陀教育基金会印 / Taipei, Taiwan

如何消业障菩提道上一帆风顺 – 台北佛陀教育基金会编印 / Taipei, Taiwan

生与死-佛教轮回说 – 陈兵 著 / 内蒙古人民出版社, 呼和浩特 / Mongorian

谈因 – 尤雪行居士编 / 台北佛陀教育基金会印 / Taipei, Taiwan

药师本愿经讲记 – 太虚大师著 / 台北佛陀教育基金会印 / Taipei, Taiwan

药师经疏钞择要 – 伯亭老人疏钞 . 普霖择要 / 台北佛陀教育基金会印 / Taipei, Taiwan

药师经析疑 – 弘一大师著 / 台北佛陀教育基金会印 / Taipei, Taiwan

药师经注辑 – 刘朗暄居士解 / 台北佛陀教育基金会印 / Taipei, Taiwan

药师琉璃光七佛本愿功德经 – 唐三藏法师义净译 / 台北佛陀教育基金会印 / Taipei, Taiwan

药师琉璃光如来本愿功德经 – 唐三藏法师玄奘译 / 台北佛陀教育基金会印 / Taipei, Taiwan

Buddha, sein Leben, sein Wirken, seine Lehre – Osho, übersetzt von Jochen Lehner / Lotos Verlag, München

Buddhismus für Dummies – Jonathan Landaw, Stephan Bodian / Wiley-VCH Verlag, Weinheim

Das Tibetische Buch vom Leben und vom Sterben – Sogyal Rinpoche / Fischer Taschenbuch Verlag, Frankfurt am Main

Das Wort des Buddha – Nyanatiloka / The Corporate Body of the Buddha Educational Foundation / Taipei, Taiwan

Die Mythen Asiens – Clio Whittaker, übersetzt von Wiebke Diederichs / Evergreen GmbH, Köln

Geheimnisse des Buddhismus – Tom Lowenstein / Gerstenberg Verlag, Hildesheim

Mit dem Herzen denken – DalaiLama, aus dem Englischen von Sabine von Minden / Fischer Taschenbuch Verlag, Frankfurt am Main

Was die Seele krank macht & was sie heilt – Thomas Schäfer / Weltbild Verlagsgruppe GmbH, Steinerne Furt, Augsburg.

Wenn der Körper Signale gibt, die psychotherapeutische Arbeit Bert Hellingers – Thomas Schäfer / Weltbild Verlagsgruppe GmbH, Steinerne Furt, Augsburg

A Pictorial Biography of Sakyamuni Buddha, Chinese-English, Original Illustration and Narration in Thai by Gunapayuta, translation into Chinese by Bhiksu Jan Hai, translation into English by Z.A. Lu / The Corporate Body of the Buddha Educational Foundation / Taipei, Taiwan

Brahma-Net Sutra, Moral Code of the Bodhisattvas – Sutra Translation Committee of the United States and Canada / The Corporate Body of the Buddha Educational Foundation / Taipei, Taiwan

Changing Destiny / Liaofan´s Four Lessons – Ven. Master Chin Kung / The Corporate Body of the Buddha Educational Foundation / Taipei, Taiwan

Heart Sutra – translation by Master Lok To/ The Corporate Body of the Buddha Educational Foundation / Taipei, Taiwan

Master Hsu Yun´s Discourses and Dharma Words – edited, translated and explained by Charles Luk / The Corporate Body of the Buddha Educational Foundation / Taipei, Taiwan

Medicine Buddha Sutra – Dharma Master Hsuan Jung by Minh Thanh & P.D. Leigh / The Corporate Body of the Buddha Educational Foundation / Taipei, Taiwan

Pure Land Pure Mind – Master Chu-Hung and Master Tsung-Pen, translated by J.C. Cleary / Sutra Translation Committee of the United States and Canada / New York, San Francisco, Toronto

Pure-Land Zen, Zen Pure-Land – Letters from Patiarch Yin Kuang, translated by Master Thich Thien Tam / Sutra Tranlation Committee of the United States and Canada / New York, San Francisco, Toronto

The Four Buddhist Books in Mahayana – translated and compiled by Upasika Chihmann (Miss P.C. Lee of China) Bodhisattva in Precepts /The Corporate Body of the Buddha Educational Foundation / Taipei, Taiwan

The Sutra of Bodhisattva Ksitigarbha's Fundamental Vows – Translation by Upasaka Tao-Tsi Shih / The Corporate Body of the Buddha Educational Foundation / Taipei, Taiwan

To Understand Buddhism – The Collected Works of Venerable Master Chin Kung / The Corporate Body of the Buddha Educational Foundation / Taipei, Taiwan / http://www.budaedu.org / E-Mail:budaedu@budaedu.org

Zeitfracht Medien GmbH
Ferdinand-Jühlke-Straße 7
99095 Erfurt, Deutschland
produktsicherheit@kolibri360.de